MiNaDiKtEr

KM Wegelius

Till Mor

KM Wegelius

Mi
Na
Di
Kt
Er

En Diktsamling

I tolkning av Eivor Lindgård
Omslag: Mikael
Grafisk form: Mikael

Bokförlag: BoD – Books on Demand, Helsigfors, Finland
Tillverkare: BoD – Books on Demand, Norderstedt, Tyskland

ISBN: 978-952-80-6564-7

Innehåll

I Naturligt

Frid

Morgondiset sveper upp över trädkronorna
trädets stam sträcker sig högre
än vad den kan begripa
Nejdens gråhet omringar grenarnas rader

Snön som sakta faller
var det ändå en dröm?

Mars

Solen öser ner sitt hårda ljus
som målar de sista drivorna i purpur
Den första dagen i mars värmer vi med vedtränas
kemiska omvandlingslek

I det grumliga vattenglaset på mitt skrivbord en
grönskande videkvist

I fönstret mittemot i det söndervittrande huset
dyker en ammande ung kvinna upp
Speglingen i fönstret skymmer henne
bortjagad av kyrkklockornas gungande eko

Videts grönaktigt luddiga kvistar böjer sig ut över
glaskanten, likt mosaiktentaklerna på marken i
Amos Rex

På himlens omkörningsfiler åker silvriga molnköer
fram
en vanlig marsmånad efter februari och före den
trötta april

Hösten kom

med sina klanglösa moln,
som utgjuter temalösa droppar,
blöter ner de snuvigt fuktiga löven,
som förblir utan berättelser,
täcker över min hydda som tömts på verser

Tills snöns episka övermakt tragiskt förvisar
hösten till osynlighet

Oktober

Allt som doftade sommar vissnade bort
De granna, varma färgerna blev till djupare virvlar
innan slutet

Mina vänner kröp ner i sina hålor som björnarna,
som drar sig tillbaka för sin vintersömn
Tystnaden har slängt sitt purpurtäcke över
solnedgången

Bakom fönstret leker mörkret kurragömma med min
läslampa

Jag skriver en dikt i moll om hoppet som lever

Från det kalla till det varma

I Nordsjön, frusen av vinden och blåsten,
en tår som uppkom av en förnimmelse av kraft,
den drunknar i havsvågorna,
blandar ihop sig till bränning,
förirrar sig därifrån till din hud,
varm, i den vackraste stunden

Solros

Likt forsande regn faller mitt livs stunder runtom
mig som droppar,
då jag går snabbare träffar jag flera,
då jag står stilla blir jag genomvåt,
urskiljer regnet bättre
skall jag springa och ta skydd från regnet
eller skall jag hoppa i plasket i vattenpölarna,
regnet vattnar fröna som väntar under jorden,
tillväxten tar fart efter regnet av strålarna från min
solros som slagit ut

Poppelträdet

Poppelns sista löv faller i nattens mörker,
där, skymd för blickar,
svävar skönheten ner bland de andra och förmultnar
Ett löv i vinden
Var det bara detta jag väntade på,
ett enda löv kvar på stammen
Fladdrar i vinden berättar om höstens ankomst
Skänker oss det som är dess vackraste
I färgerna hoppet, i formen glädje, i rörelsen tro
på nya färger i den kommande våren,
ger en andra chans

Mikro eller makro

Är vår sol en gnista, kvar från The Big Bang,
en gnista som pyrt i miljarder år,
så väldig och viktig för oss

Är gnistan i vår brasa någon annans sol,
slocknar sekundsnabbt för oss och lyser för någon
annan i miljarder av tider

Den blinda katten ser alltid rakt emot en
Den blinda katten ser ljudet i 9D-version
Den blinda katten vet vem du är, fastän du själv irrar
Den blinda katten ser en vackrare värld

Stranden vid gården

Vattnet i stranden är för grumligt för att blotta
sin dyiga botten
Fönstren i min stuga visar bilder av pilträden
vid vattenbrynet
Duvorna kuttrar sent om kvällarna, tills solen går ner
Några förbipasserande stannar och sätter sig på
rensstenen
I skuggorna på denna min gård finns ingen gårdag
I ljuset på denna min gård finns ingen morgondag
Om dagarna ser jag ut genom mitt fönster,
ut över strandlösa hedar

Frigörelse

Mitt leende upprepas redan varje dag,
mitt sinne är lättare än himlens fjäril
Hela dagen tid att slappna av
Det fysiska arbete jag saknat glöms bort
Enkelheten i insikten, som kommer via intellektet
Vinden för de viljelösa molnen mot horisonten
Havsörnen kryssar mot tryggheten i boträdet
Snoken försvinner in i hålrummet mellan stenarna
Bland dem är jag ett vildäppelträd
Den långa hösten på min ö vänder sig
mot nattens kalla famnar

Skäret

Regnvattnet som runnit ner i strandklippans skrevor,
torkas ut likt resten av solen
Färgen på båthuset har blekts grå,
näten vittrade av torka
höstvinden böljar vid vattenbrynet
Mitt på skäret en endaste tall,
en gubbe lutar sig mot trädstammen
fårad av naturen, snart sextio år gammal

II Den sista av sin art

Solen håller på att dö, människan har utvecklats i
miljarder år. Den sista ensamma på Tellus väntar på den
sista soluppgången. Hur klarade vi oss så här pass långt,
vad tänker den ensamma då slutet nalkas, vad väntar
efter slutet.

-Jag är alert och koncentrerad. Jag vill klara mig på det
sätt mina kunskaper förutsätter. Jag gör mina beslut
baserat på erfarenheter och vad jag lärt mig. Jag ger inget
utrymme åt rädsla eller lamslagenhet i mina tankar.

Vi har inte funnit intelligent liv eller lämpliga
levnadsförhållanden på andra planeter.
Ingetdera stod att finna.
Här lyckades vi ändå. Vi fick en lång,
till och med lyckosam färd mot acklimatisering

-Jag klarade mig så länge, alltför länge, ensam,
 jag borde känna något, känslorna försvinner i den totala
ensamhetens dunkel,
varken delad glädje eller delade sorger

Nya artfränder har inte fötts på 269 år. De sist födda anpassade sig inte till förändringarna som skett med solen. Av dem, som föddes under det tidigare skedet, fanns endast ett fåtal kvar.

-Mitt enda minne från det förgångna är en bild av en man i rymddräkt på månen. I horisonten syns en vacker blå planet. Kunde det vara den här samma gråa Jorden.

En avvikelse i mitt immunsystem gjorde mig till den enda överlevande. I min ungdom ville jag tjäna mänskligheten och föra oss mot en bättre framtid.

Det har gått 54 år sedan min sista artfrände dog. Attacken av ett lömskt virus tog honom.

-Naturligtvis är jag rädd, jag döljer det inte, jag utför min plikt med eftertanke. Min uppgift är att finna en väg ut ur vårt solsystem som går mot sitt slut.

-Misslyckades jag, då jag inte fann det jag sökte. Jag utförde mitt arbete väl. Våra begränsade resurser stödde inte mina strävanden. Lyckligtvis fanns lösningen där kring oss hela tiden. Vi förstod det i tid.

Solens dragningskraft och effekten av strålningen hindrade oss från att få kontakt med organiska former av andra existenser. De fanns där närvarande och verkliga. Inte i rymden, utan vid vår sida.

Vi kom ända till månen, en så kort väg på vår färd. Som en liten rörelse, trots att vi hade behövt en resa på oändliga ljusår.

-Varför fortsätter jag försöka. Jag är så ensam, jag vill hitta någon eller få ett svar. Är vi ändå de enda

Då vi hittar lösningen som legat där nära anpassar vi oss till allt. Växlingarna i koldioxidmängden, meteornedslag, upprepade istider och översvämningarna till följd av dessa, bakterier som i verkligheten härskat över jorden. Det var alltid någon någonstans som överlevde och modifierades. Nu är det bara vi kvar, jag och min trötta sol.

Vi föll inte in i dystopins materiella knapphet, vi valde det andliga före det fysiska och utvecklades till en ny nivå. Vi uppnådde det underbara i det immateriella. Vår fysiska livsform krympte till nästan ingenting. Utvecklingen riktade in sig på våra hjärnors förmåga att strukturera och processa en väldig mängd kunskap.

Populationens storlek minskade då evolutionen framskred. Det fysiska, förmågan att röra sig och agera försvann i och med att de inte behövdes. Intelligens, förståelse och inlärningsförmåga växte i potenser. Endast de mest intelligenta överlevde och kunde föröka sig.

Miljoner år av grå molntäcken. Sikten till andra världar, till månen, solen och stjärnorna blev otydlig.

-Skall jag sluta mina ögon eller skall jag titta rakt mot min undergång. Jag vill inte missa den sista förtrollande synen.

Mängden syre i atmosfären minskade drastiskt, de röda blodkropparna kompenserade läget. Slutligen lyckades vi öka syremängden, då det fossila väldet avslutades. Det ledde till miljoner år av ekologisk återupplivning.

-Skuggan som visaren på mitt solur ritar, blir blekare för varje varv. Kvar är bara sprejade stänk på den orangea ytan. Stänken saknar verkan och effekt.

Innan slutet visar sig solen vänlig, medan färgnyanserna blir varmare.

-Jag vet, att då den slutliga explosionen sker, kommer atmosfären att brinna så snabbt att jag inte hinner känna av mitt slut.

-Vågar jag vara lycklig över allt det onda som skett på den här planeten. Lycklig över att jag inte lyckades hitta nya planeter, till vilka vi hade kunnat föra vår galenskap.

-Den sista explosionen innehåller skönhet och ursinnigt våld, en fruktansvärd mängd smärta kommer att riktas mot bara mig.

En stor, röd pärla som utvidgas. En sista kraftdemonstration och sedan en exploderande krasch. Massorna i vårt solsystem går samman och blir till en stor, katastrofal asteroid.

-Som en katapult slungas vi mot andra galaxer och för med oss vårt stoft. Vi förflyttar oss till nya planeter, mitt uppdrag blir också fullföljt.

Kanske någonting kan födas igen av vårt stoft, om miljarder år.

-Morgonens första solstråle, som lyser över jordens rund, uppväcker mitt hopp.

Vi löste överbefolkningen och näringsproblemen, att få vattnet att räcka visade sig vara den svåraste nöten att knäcka. Formeln är dock simpel H + 2 + O = vatten. Ändå så besvärlig. Den kritiska punkten övervanns med seger. Havsbiologen Gretas thesis skapade vatten och svalka.

Ensamheten är det tyngsta, utan att veta om det köpte vi enkelbiljett till vår ensamhet, genom vår idealisering av teknik, videospel och expanderad verklighet.

-Jag hade ännu en gång velat träffa henne som skapade mig, min mor.

I tidens veck fick vi kontakter till andra generationer och tider, mötena var ologiska. Jag såg mig själv som barn eller som mycket gammal, också efter denna dag, min sista.

-När människan upphör att existera, jordklotet försvinner, solen exploderar och slocknar, hur ska allt detta kännas, för mig.

Den artificiella intelligensen, som överglänser människans förmågor, kan inte ersätta den enkla människan bredvid dig.

Allt förändrades då vi upptäckte tyngdlöshetens hemlighet.

Då livet varar i hundratals år, försvinner brådskan, när slutet närmar sig på grund av yttre omständigheter, förstärks känslan av brådska.

Vetenskapen, vetenskapsmännen och -kvinnorna fann lösningar, medan vi koncentrerade oss på det väsentliga, att skydda liv.

Med medel som frigjorts från krigsbudgeten kunde vi rätta till många orättvisor.

Vi har överlevt genom att möta problemen på ett genuint sätt och genom att finna lösningar, vår adaptionsförmåga är gränslös.

Men till detta finns inga lösningar, universums grymhet ger ingen nåd, detta är definitivt.

-Jag hade velat tro att förnuftet segrade, ändå förlorade vi en viktig aspekt, förmågan att älska vår nästa.

Det gamla talesättet om livet i en bubbla, det negativa tänkandet om en begränsad tankemodell. Senare kom allt liv att bli möjligt endast i en bubbla. De neurotiska bubbelplastklämmarna blev ännu mer neurotiska, levande i en bubbla.

Framtidstro är en omöjlig sak för dem som inte upplevt mirakel.

Syntetiskt vatten, syntetiskt bröd, i miljoner år, det naturliga är inte ens ett minne längre. Mitt syntetiska hjärta slår mindre än 10 slag i minuten, jag andas regelbundet in maskinell luft.

Efter varje dag har en ny dag grytt...barnen har gått på stigar som deras föräldrar har trampat upp...efter denna dag suddas fotspåren ut, nya spår uppstår inte.

Miljarder av andra solar hade kunnat upptäckas, kring dem kretsande planeter, som upprätthåller liv, hade kunnat nås.

Varje minne bygger på våra känslor, vi minns våra känslor, inte detaljerna i det som sker. Endast våra känslor kan vara sanna.

Överallt har det redan länge funnits ett orange ljus som skymtar genom grumliga stoftmoln, ett klart orange ljus.

Vi kunde ha fortsatt att förakta varandra, att vara rädda för varandra och förinta varandra. Vi bestämde oss för att utvecklas tillsammans, lära oss tillsammans och överleva tillsammans.

-Den sista ljusglimten, liksom guds vredgade blixt över mig. Blir jag förlåten, blir jag benådad eller förvisad, är jag äntligen fri.

Stormakternas, de multinationella företagens och de olika religionernas vilja att ha makt över andra var ett massivt hinder för att lära sig en ny harmonisk och fredligare livsordning. Förmågan till en ny form av kontakt gjorde det möjligt att ersätta icke-fungerande strukturer.

-Var finns min mor, mina barn, min familj i min stund av nöd. En organisk maskin har skött mig alltför länge. När den sista explosionen kommer, känner jag varken rädsla, bitterhet eller hat. Jag känner inte. Kan detta vara lättnaden som ger en mening åt den utdragna tragedin.

Man slutade utveckla solvindsseglen och koncentrerade sig på planetens egen förmåga att klara av arten homo sapiens. Man gav utrymme till att tänka på oss i stället för på mig. Vår erfarenhet som härrör sig från vår kollektiva lärdom i att minnas framtiden.

Man fann högre, visare nivåer av förstående och varande. De var varken rymdmässiga, vetenskapliga eller matematiska formler. Vi hittade de försvunna delarna av vår hjärnverksamhet, och efter att murarna rasat och till följd av en gränslös omnipotens, upplevde vi enighet.

Man korrigerade resiliensen mot virus och bakterier genom genetisk modifiering och manipulering av tidsordningen.

-Jag minns stunderna mellan början och slutet. Med slutet menar jag tiden då minnena hos vår art och vårt solsystem försvann. Som rymdstoft fortsätter vår eviga resa i det oändliga.

De som visste, fick kämpa under övergångsperioden. En fysikers förmåga att övergå till tyngdlöshet visade sig vara mer komplicerat än för språkvetaren. Och tvärtom, då vår kommunikation gick över från näten till vårt medvetande.

Det mångdimensionella i medvetandet och den stundvisa, röklika rörelsen hos flexibla fortgående helheter, skapade för oss nya nivåer av insikt. Upptäckten av det dubbelriktade minnet, förståelsen av tredimensionell tid och bortfallet av den enkelriktade tyngdkraften, öppnade en ny mångfacetterad medvetenhet.

Tanken öppnar tiden, minnet förflyttar sig, det finns ingen plats för dem. En ständig ström av tankar är som en vriden palindrom i vårt multidimensionella undermedvetande.

-Jag vet vad som kommer att hända, jag tar emot allt det med glädje, jag avvisar den tunga lasten av min kalla ensamhet.

Nådde vi vår högsta nivå, hade vi kunnat bli ännu mer potentiella. Varför. Vi förintas av verkningar av en högre okänd naturkraft från rymden. Varför inte redan tidigare.

-Eftersom jag är allena, kan ingen utföra Turings experiment på mig. Jag skulle vilja veta om jag på riktigt är en människa, eller en maskin med medvetande.

Förmågan att kommunicera finns inom oss då vi föds. Vi lär oss språket och dess uppbyggnad medan vi växer upp. Men förmågan finns redan i mimiken och kroppsspråket, utan ett enda ord.

-Elavbrotten har upprepade gånger försvårat min forskning. Serierna av solstormar upprepas innan det slutliga lugnet.

Utvecklingen av den övermänskliga artificiella intelligensen ledde snabbt till en en för människan ofattbar, gränslös singularitet.

Mänsklighetens onyttighet drev oss till randen av utrotning. Begränsningen blev vår räddning och möjliggjorde vårt fortbestånd. Vi kunde inte överskrida våra gränser utan att förgås utan återgick till det fundamentala med hjälp av ny teknologi.

-Om rymden, som verkar vara gränslös och som består av miljarder galaxer, är ett tomrum utan medvetande efter mig, så varför?

Vad är meningen med allting? Varför kom ingen till denna "matta blåa prick"? Våra drömmar om himlen gick inte i uppfyllelse. Det kom ingen frälsare ur stoftdimmorna.

I något skede tappade vi vårt lokalsinne i ödemarkerna mellan kunskap och känsla. Särskilt nu, efter min långa tid av ensamhet, har det varit svårt att förstå meningen med det skedda. Det är hårt att vara alldeles ensam. Jag önskar att jag kunde dela dessa stunder med någon.

Ett liv i rymden är omöjligt.

-Jag njuter av tystnaden i min ensamhet, ack, hur mycket avskyr jag inte denna tystnad. Det är skrämmande att vara ensam ansvarig för allting. Jag har lärt mig att avstå för att överleva.

-Idag skall jag dö. Alla skall ju naturligtvis dö, det känns hopplöst att veta och vänta, skrämmande. Ingen sörjer, ingen ger syndernas förlåtelse eller ber för mig. Skall jag be själv, det har jag aldrig lärt mig, skulle det kunna hjälpa.

-Om det ändå fanns ett sätt att överleva. Jag kunde stänga ner alla system, vara tyst, sluta ögonen. Ta avstånd till mitt självmedvetande. Ingen skadar eller sårar mig, jag är trygg. Osäker endast inför naturens fruktansvärt destruktiva kraft.

-Kommer jag att höra min mors ord "Man måste resa sig, om och om igen, efter varje bakslag och fall måste man fortsätta".

-Jag vill tro att det finns en framtid, ren luft att andas, kunna känna andra människors beröring.

För att kunna dö måste man först ha varit levande, man måste ha ägt en mänsklig tankestruktur, inte varit någon terasjäl, sparad i minnesgel och utvecklad via algoritmer.

-En ljusglimt, som en ryckning i min ögonvrå

-Jag är medveten om min själ, fortfarande, efter all totalförstörelse. Världsalltet är inte ett ändlöst, onyttigt tomrum. Jag skall ta reda på vad det är.

III Fantasifulla

Det har alltid berättats historier

I historierna kan det ske sådant som inte sker i livet

Mysterierna för oss till en annan plats

Någon annanstans vill vi i allmänhet vara

Jag fann en god plats,
gick vilse i skönhetens trädgård
hörde tystnad,
blev emottagen
kände även andras känslor,
upptäckte den gemensamma styrkan
såg horisonten och målet,
anade ett godkännande utan ord
där i den stunden levde jag ett helt liv,
kunde jag stanna här
existerade jag ens längre,

allt, allt förändrades igen

Bastutomten

Jag har sett bastutomten slinka in i sitt gömsle i hålet
under laven

Jag kom på honom, då han tog en tupplur på stenarna,
som ännu strålade av hetta från kvällen innan.

Jag hade velat ha hans svar på några av mina intressanta
frågor,

Levde han eremitliv bara i denna bastu?

Träffade han tomten i grannholmens rökbastu?

Var det han som om höstkvällarna sjöng Kalevalaverser i
kvasthögen i den svalnande bastun?

Om han någon gång ville gå på marknad, rör han sig då i
tomteskepnad, eller byter han om till sina
helgdagskläder?

Går han då mitt på vägen, ser sig omkring och hälsar på
döttrarna i husen?

Sticker han sig in på jazzklubben för att dansa barfota, för
att träffa kvinnliga tomtar?

Kan tomten bli förälskad, så som människorna kan?

Får tomten flytta från sin bastu, för eviga tider?

Ser tomten månne på sin klocka,
det är redan sent, måste gå tillbaka?

Mitt användarsystem skulle vilja ha ett evigt liv,
men kvartalekonomin och ägarstyrningen stannar inte
upp.

Den skulle gärna träffa en diskett från den tidiga DOS-
tiden, men deras FAT stöds inte längre.

Under dagarnas pärlband blir minneskapaciteterna
obönhörligen omkörda från år till år

generationer av processorer följer efter varandra,
Där jag idag skriver i moln,
där fladdrade en gång spetsen på min penna

Bibliotekets stora fönster civilisationens bildskärm,

mitt emot ett träd utan löv,

bakom glaset en vattenlös fåra,

mörkret alldeles intill,

tomheterna som jag fyller, för att höra till

I karusellen

Nattens svarta tunga kråkor tröttar ut mig,

för att få mig att tro att jag inte orkar längre,

Ljuset, då morgonen randas lättar upp livet och gör det
till en ljusröd nöjespark

Kom ihåg! Skaffa åkpass

Min längtan efter fred är ett högt berg,

Fred finns bara på det berg som inte människan har
erövrat,

Fred infinner sig utan människans strävan

Från det norra vakttornets håll väntar man sig inte att
någon skulle anfalla,
ändå är det dess ändlösa bränningar och dolkarna av is
som flyger i luften, som fångar min uppmärksamhet

Vid de östra gränseldarna väntar jag vargarnas anfall,
Demonerna går inte att urskilja bland skuggorna,
jag får inte sömn, vaken växer min rädsla,

Från söderns öppna slätter tror jag min lömska
motståndare skall nalkas, den riktningen behärskar jag,
ondskans strävan på den högre muren,

Spejaren jag skickat till väst,
sänder bud om fasorna hos mysteriet som närmar sig,

Mitt bland alla hot mot mig lugnar jag mig
Jag kämpar för min fred

De forntida krigsherrarna har dött i strid

eller som vi andra, stilla, omgivna av sorg

De återvänder inte från lönnfacken i tidens
förvaringsskåp

de får inte lov att födas i en annan gestalt

Marängänglarna skyddar inte dem mer än vad de
skyddar oss

Alla lever vi i samma veck i tiden
ingen har lov att avsluta livet

Den hårdaste av hårda, stenen,
stenfoten till allt det väsentliga
krossas av hammarens slag

Det mjuka böjliga grässtrået,
inget kan man bygga på det
under hammarslaget böjer det sig
och då dagen gryr sträcker det sig högre än någonsin

Det okrossbara förstörs alltid med en gång

Då jag såg ut över det dimhöljda havet i skymningen,

trodde jag mig se en sjöjungfru

En vindil skingrade dimman och visade däremot mig den kalla månen,

Kunde inte sjöjungfrun få vara verklig?

Blank och hel, inuti alldeles tom

På ytan några skråmor, vet redan allt, tror

De värsta såren ligger under ytan,
andra, viktigare än vi själva,
äter av tiden, men ger ändå

Skalet slutslitet
Säcken av tankar, tung, som en våt yllekappa
Allt lyfter du på kärran, går sakta över bron

När jag sätter mig ner pustar jag

När jag reser mig upp stönar jag

När jag äter smaskar jag och drycken rinner i klunkar ner
i strupen

När du frågar hur jag mår småflinar jag

När jag försjunker i tankar suckar jag

I den djupaste sömnen rosslar jag

Av stolthet över att lyckas frustar jag

Fördjupad i min tidning grymtar jag

För att känna tillhörighet skrattar jag

Bara då jag ska tala tiger jag

Den åldrande mannens tystnad är en pulkabacke av läten.

Lastdjur

Du lägger till en börda på min rygg

min dubbla puckel stöder den ännu

Det sträva taglet tunnas ut, blir grått

i munnen metallsmak av betslet

Med din käpp piskar du mig mot nya avstånd,

mina ögon ser inte vårt mål längre

vid öknens kant manar du till ny galopp

jag orkar ännu detta, om ...

KM bara bär i din karavan

Mina drömmars anatomi som en soldathjälm

Tillbucklad i strid

till sist full av hål

Golem

Sent om kvällen ser jag på de falnande ljusen
Efter mörkrets inbrott hör jag inande, knaster, knittrande,
skrik
Då man lyssnar på dem är natten lång
I de dystraste stunderna på morgonnatten blir ljuden
starkare, närmar sig mina sängkanter
försäkrar sig om att inte sömnen ska vinna över ångesten
Den första aningen om gryningsljuset jagar bort ondskans
läten ut genom öppningarna i rumshörnen
Den ihåliga tystnaden som blivit kvar stillar inte till vila
Tomheten som skallar i öronen jagar sinnet in i ny
vanmakt
Utmattad hör jag de räddande ljuden
melodierna i grannens radio
slamret av portgångens lås
gårdskarlen som pratar med postiljonen
en moped som startar på gatan
Äntligen drar jag ifrån gardinerna
medan mörka moln redan hopas på himlen i öster

Jag gavs en storm i mitt sinne,

ett oväder

en galopperande rasande vind över slätten är dess takt

någonstans där i mitt inre föds dess makt

En härskande, gränslöst stilla kraft

ljudlös, ordlöst tyst frid

den ska jag nå

eller sjunka i mina skummande vågor

Då jag äntligen vågar lossa själens korsett

Släpper jag först ut min fria andning i vilda andetag

för att snabbt lugna ner den till självsäkra upprepningar

Jag återfinner allt det närvarande som varit gömt för mig

Jag möter mina närmaste som om det var första gången,

Jag hör

Kvinnans styrka

I en avsides stad på en namnlös gata
i ett nummerlöst hus
bakom en dörr utan ringklocka
gömd i en fönsterlös etta
som blivit dold under farstutrappan
levde Kvinnan
I Kvinnans drömmar bodde skimrande och strålande
skönhet
Kvinnans drömmar slets i trasor av ondskans tigrar
Tigrarna, de själviska och grymma,
krossade självkänslan, känslan av egenvärde
allt privat och känsligt
allt krossade de
där de drog fram
Över alla hinder,
under allt hon inte kunde komma över
förbi allt skrämmande
trotsande sina demoner
överträffande sina krafter med envishet
kämpande framåt mot vägen till trygghet
Ensam i sin egen etta
samlade Kvinnan sakta ihop resterna av sitt jag
blev stark, växte sig hel
gjorde sig till en segrare
ville möta sina oförberedda tigrar
Kvinnan reste sig upp över allt som varit
Kvinnan, så vacker,
gick vidare långa vägar
efter henne följde även andra

En man satte sig bredvid mig på krogen
berättade för mig om sina hemligaste synder
djupaste känslor, tankar om livet
allt som gör honom till en person
förtrollad försjönk jag i hans berättelse
när han gick, visste jag inte var jag kunde nå honom
jag vet inte hans namn, nummer, adress

Jag minns honom ofta,
inte kommer jag ihåg hans filosofi eller vad han trodde på
jag minns hans böjda gångstil,
skepnaden som försvann ut genom springan i krogdörren
Det du lämnade efter dig har ingen betydelse,
bara det vi kunde ha varit, om du hade stannat

Mor

Hemma hos mor är människan framme,
Behöver inte prestera,
vara någon annan

Säger som det är,
det jag kommer överens om, det gör jag

Det är bra så, alltid.

Månen vägleder far då han ror på sjön
Jag betraktar båtens rörelser från Härmäläs disiga strand
Skulle jag göra samma val och rörelser
Min egen måne vägleder mig.

När jag förstår den oändliga rymden i den mörka natten
möter jag dig i tankarna, Mor

När jag känner igen visdomen i ödmjukheten, böjer jag
mig mot dig, min Far

När min reskamrats skugga bleknar vid min sida
vet jag att min Systers fackla skall leda mig tillbaka till
stigen som för hem

Då min sols röda strålar falnar
tror jag att min Son kommer att tända en ny

Då jag var ung fanns det tid att slösa bort
stirrade sysslolös framför mig och begrundade
utan att förstå vad livet handlar om
Mina dagar fylldes av dröjande verksamhet
Min ungdom var en dag på vars slut jag inte trodde
Någon borde ha berättat att du förstår först då du är äldre
jag skulle ändå inte ha trott
på dagen tror man inte vad kvällen och natten för med sig
Jag var overksam i mitt oförstånd
jag ville inte ens eller vågade inte
av rädsla rörde jag mig inte
orörligheten som en film om tystnad
Då andra återvände från sina arbeten
skrev jag om det, under dagen hade jag slumrat vaken
i väntan på att någon skulle väcka mig ur min dagdröm
Något ville jag, vad, förstod jag inte
Jag tyckte om dem som hade förstånd
grepp om sin dag, begrepp om tiden, innan kvällen kom
En vilja att bära upp något verkligt,
eller på känslonivå en sfär av kärlek
Födseln kan ske då man blir vuxen
den har ingen brådska
den mognar i overksamhetens gyllene vagga
tårarna av smärta, då knoppen brister, öppnar sig inte för
andra
När jag begriper att morgon, dag, kväll och natt är ett
förstår jag livet

Då jag vaknade hörde jag oväsen utifrån
Folk skrek på ett ofattbart sätt åt varandra
bilars signalhorn brölade, överallt var det bråttom
På himlen rörde sig månen med en fart som man kunde
se med blotta ögat
den var större än någonsin
Snabbt sjönk den ner bakom träden
Jag hinner inte samla mina tankar
jag vänder mig om och ser månen återvända bakom
stadens tak
nu större, ännu snabbare
Bara ett ögonblick tid att tänka, hur göra, med vem,
Nytt varv, nu är månen så nära
jag hör den
ser kratrarna, känner dragningskraften, om jag sträcker ut
handen skulle jag kunna vidröra
Lamslagen av tvivel
med livets silhuett på näthinnorna,

Tomhet

Mörkrets törst suger i sig min lampas ljus

Hemligheten som täcks av det synliga gömmer sig i
glasets reflektion

Mina tankars vågskvalp under mitt oförstånds brygga

Hägringen av den förföriska feministens
strumpebandshållare

Finansministerns pigga grå representationskostym på
barnkalaset

Den fina restaurangen ger ett namn och en historia till sin
köttfärs,
Pilsner är pilsner även i champagneglas

I tystnadens vattenpöl leker en stridslysten groda

Mitt besvärade anteckningshäfte gömmer mina keramiska
misstag

Omvänd rolighet får forna TV-karaktärer att gråta
Fiskaren kämpar mot direktiv i sin tyska krigshjälm

I dygnets handväska rasslar kedjorna som fjättrar himlen
Ljusets långsamhet blottar skönhetens gälla skrik

Artificiell intelligens upprepar retronyhetens behag i en
gammal paletå

Bakom önskningens dörr finns tomheten i en poplinjacka
Storlommens nonchalans inför min frid i sommarnatten

Kyskhetens fräckhet som harmoni på förbudsskyltarna

Det taggiga föraktet för fårorna som dödens harvester
dragit upp på åkern
Det japanska konstgjorda leendet döljer en djup ihålighet

I den vackra unga kvinnans blick en skrämd säkerhet
Ödsligheten i din chefs passionerade hejarop

Fällan i din underlydandes redogörelse över bristande
uppskattning

Vattnets tyngd är bara en filmtitel
Vattnets minne har ett öde

Är jag en kärleksstaty i rishögen på en nedlagd
jordbruksmark

Speglingen, färgad av din hjärna, i mitten av glansbilden

Ditt skratt klättrar upp som lodräta figurer längs
sängöverkastets kanter
På tapeten det onda paradisets komplicerade cirklar

Kerosinet i min knyckigt ryckiga perpeetum mobile,
hotar att ta slut

Ungdomen i min lättsamma illusion håller på att vissna i
sitt drivhus,

Fattigdomen, som påförts mig av all min egendom, som
en värdelös superhjälte

Den kvardröjande eftersmaken av min andliga
materialism i tomhetens karaffer,

Blåsten tjöt om natten i mina döva öron

På dagen såg jag dödens nyheter, mina tunga ögonlock
hindrade mig från att titta

Allt som gör en andfådd kumuleras, då tankarna hopar
sig på det uråldriga, som på gravgårdarna

Plötsligt slog mig tanken att livet skulle vara mycket
enklare om jag bara handlade enligt de principer jag
förutbestämt
Jag studerade guideböcker i livshantering,
de drev mig in i en ännu mer låst tillvaro
Det var för mycket av allting.
Ok. Jag måste välja någon. Vilken?
Man rekommenderar oss att minska mängden saker till
hundra.
Man uppmuntrar till att sköta om sina närmaste och
naturen.
Den tredje poängterar vikten av ekonomisk hushållning.
Jag får en strålande idé.
Jag skall skapa min nya, egna livsordning.
Den skulle slutligen ge svar på allting.
Ingen enkel uppgift, det här kräver mycket eftertanke.

Man borde höra till olika grupper, tillsammans med
andra
Familj, släkt, arbetskamrater, supportrar, religion, parti,
folkslag, stam, lag
mellan dessa måste finnas FÖRTROENDE
gruppernas gränsytor bör gå samman med de andra
gruppernas då alla, via sina grupper, skulle höra till allas
samfund, skulle inga konflikter födas,
Lysande

Den viktigaste av människans inre krafter, som kräver
vägar till förlösning, KÄRLEKEN, att få och att ge, sända
och ta emot

skänka hopp och längta, förhärligande lyckliggörare
livets djupaste syfte
Målet för alla närmaste och även de mest avlägsna
Låt kärleken vara ditt yttre hölje
klä av dig hatet, sparka ner det i den djupaste avgrunden
Underbart

Jag. Jag gladde mig åt att ha insett vem jag är,
Många vedermödor hade hopat sig på resan,
jag kunde gå förbi dem
Förr vågade jag bara vara rädd
Nu VÅGAR jag vara jag
På vägen hit hatade jag det okända,
när jag lärde känna mig själv stillnade hatet
Jag vågar möta också det overkliga det som vidgar
medvetandet

Vi är förstelnade i den kalla röken av seder och vanor som
omger våra kroppar, röken hindrar inte oss från rörelse
vår oförmåga att se hindrar oss från att förflytta oss mot
ett BERÖRINGSavstånd till varandra,
Jag spräcker upp vädringsluckor i väggar och tak i de
omgivande utrymmena, för att kunna se alla dem, vilkas
beröring jag väntar på, alla jag ville beröra,
famlande inne i röken,
Förtjusande

Som sett av någon annan, som om inget skulle hända
I mitt inre en KÄNSLOstorm med styrkan i ett
vulkanutbrott, jag släpper ut den, ett elddon för alla att
beskåda
kraften som tänder skapar mig, visar andra vem jag är,

vad jag ska kallas Renheten i äkta känslor odlar en
trädgård av skönhet omkring sig
Sköt om din trädgård, den ger dig din näring
Uppfriskande

Empati kan man inte lära sig, eller kan man,
varför har evolutionen inte tagit hand om,
de mest empatiska för sitt arv vidare
Endast de hårdaste och mest själviska är överlevare
Nu har vi gått ut som segrare över naturen
Nu är det dags för den intellektuella tidsperioden
Följande skede av evolutionen ska förädla oss till
OMSORG, De, som förmår ta hand om sig själva och
andra, ger möjlighet till ett nytt sätt att överleva,
Vi ska övervinna oss själva, ondskan inom oss
Att rädda

Du. Jag ger dig min dyrbaraste egendom,
in immateriella portfölj för förvaring i lönnfack,

När du känner tyngden av detta tecken på förtroende på
dina andliga axlar, kommer du att inse hur mycket jag
VÄRDESÄTTER,
Då jag värdesätter dig får jag dubbelt så mycket
värdesättande av dig
Rörande

Ingen borde vara RÄDD att säga 2 + 2 = 4
Ingen borde tvingas till att förstå att svaret är 5,
eller i vissa fall 3,
Slumpmässigt kunde det vara alla tre,
om någon större vill ha det så.
Ryggar tillbaka

Ja, det var allt,
Hela min livsfilosofi
Jag har bestämt mig för att älska dig, jag litar fullständigt
på dig, jag vågar röra vid dig och jag respekterar dig.
Jag bryr mig om dig och även om alla andra och jag avstår
från min rädsla för alla de andra, för jag litar på att de gör
det samma.

Det här är ju enkelt.
Nu kan jag gå vidare,
livet och världen är i sin ordning.

Ålderdom

Ensam i min elementlägenhet,
klockans jämna tickande konsumerar tid,
utanför fönstret en parkeringsplats,
alltid samma bilar i rutorna,
det snöar på morgonen
Mot dagen blir snöandet till regn,
det sticker i min vänstra hand,
status quo på parkeringsplatsen
Då kvällen kommer syns solens strålar,
ingen kom,
inte ett ljud i trappuppgången,
löven täcker parkeringsrutorna
Jag talar högt så jag hör att någon är här
har någon dött idag,
den mörka bilen på parkeringsplatsen är borta,
I trappuppgången babyljud
jag förflyttar mig till min egen barndom,
jag är på vandring i det vintriga Kuhankuono, med mor,
på kvällen blir mina steg tunga
mor lyfter mig och bär mig på sin rygg ut ur skogen som
börjar frysa till,

På våren börjar allt om igen

I den djupa rymden,
långt borta ifrån oss,
bortom ofattbara avstånd,
exploderar stjärnorna och blir till stoft och materia

På ytan av de livsodugliga syraplaneterna kilometervis av
ismassor,
Regnskogarna på en avlägsen kontinent
försvinner från vinstens vägkanter

Den vuxne mannens drömmar raseras,
då ideologierna övervinner individerna

En nyfödd får inte en enda chans
de förbiträngande spenderade girigt

Framtiden är fruset stoft i den väglösa drömplanetens
förtappelse

Jag öser mitt ursinne över min egen medelmåttighet vid
stranden av ett emaljerat hav
Jag pekar med mina gjutna händer mot fjärden, som
förstörde mitt åldersstigna ensliga halmskepp med röda
segel, som försvunnit i kakelugnen,

Jag hötter med mina geniknölar mot dem, vilkas själviska
tidsslukande misstag slösade bort mitt sinande
vindkraftsreservförråd

Skär av denna onda tid med din vassa dolk

De irreparabla gångarna i min galla kanaliserar mina
icke-målinriktade fåfänga önskningar in i desperationens
kanaler
De sporadiska tomma stunderna av klarsinne, som
distraheras av mina känsligaste hallucinationer, förvrids
till osymmetriska ringar med trasiga kanter, utan att finna
passande strukturer runtom sig.

Skär av denna onda tid med din vassa dolk

Cyberkrigsveteranens ärr, gömda under ytskiktena,
helningsprocesser kan inte iakttas,
Min själs upprivna sår växer inte ihop,
rötan sprider sig med det ständigt pågående,
växande och förödande
ursinnet och kraften i bettet hos den oövervinneliga
kannibalistiska djävulens käkar
Min själ ruttnar och lämnar mitt skal att vandra som en
zombie

med hopp om att tidsmässigt snabbt genom ett befriande,
totalt försvinnande upphäva teorin om att ämnet i falska
kulisser är oförstörbara
Ondskan skrev på sin virtualvägg "Döda dem alla"
de uppskrämda i flyktinglägret flydde ifrån sina hjälpare
till fiendskapet i sitt hemland förutspådde det som skulle
komma att försegla slutet för dem
Statsministern byttes ut
klimatet och åsikterna fortsatte sin förvittring
hissen föll ner i sitt schakt, med herrarna inuti
arbetsmyrorna vinschade det hela tillbaka upp till översta
våningen,
Rörelsen ersatte inte förändringen
Förändringen var bara en ny form av stagnation

Skär av denna onda tid med din vassa dolk

Den erotiska uppfattningen om döden,
tingen som kärleksobjekt,
jag skälver av kriminaliseringen av allt som är
betydelsefullt, idealiseringen av det man tillskansat via
med lögner och falskhet,
tillbyggnader av plast på grå marmorpalats,
bakom dem bara tomt vakuum.

Skär av denna onda tid med din vassa dolk

När jag gick ut genom köksdörren
i herrgården som du knåpat ihop i din charmiga
skenhelighet, bestämde jag mig för att inte återvända
Förblindad av sarkomet som orsakats av ditt smicker,
som lömskt, likt en tjur stångar sig framåt,
dök jag ner i en ny gödselbassäng av självförakt,

rusade jag igen iväg för att göra mig själv till slav,
då din hedonistiska, oföretagsamma hjälplöshet
hindrade dig från att handla
Vem av oss får den ståtligaste gravstenen,
vems egendom blir den första att konfiskeras av
handlande i dödsbon, till deras vägglösa förråd
Jag stupar först, medan mina kroppsvätskor
impregnerade av orättvisa
rinner ut ur alla öppningar i min uttorkande torso,

Du fortsätter med ditt självgoda smil,
letar efter en ny, saftig köttbit att trä på ditt spett av
utnyttjande

Skär av denna onda tid med din vassa dolk
Skär av denna onda tid med din vassa dolk

IV Kärlekens skeden

IV.I Vi blir förälskade

IV.II Vi gör kärlek

IV.III Vi är tillsammans

IV. IV Vi skiljs

IV.V Ensam och tyst

IV.I Vi blir förälskade

Till Dig

Längtade jag inte efter din närhet,
även om jag kom till dig utan att tala
Trodde jag inte att du skulle fylla ut platserna utan ljus
med dina egna

I båda finns hopp och rädsla,

En vilja att ge bara till dig,
för du var den jag fick

Jag försöker finna en väg till din själ,

vandrar inne i din kropp med blå engångstossor på

fötterna, strävar uppåt,

ovanför din bröstkorg ser jag vintergatans ljus blinka,

stjärntecknen byter plats med en fart som övergår mitt

förstånd och gör min observationsförmåga förvirrad,

Jag skapar vingar av plastfolie på mina armar, hoppar i

ett fritt fall, mina vingar bär mig och lyfter mig allt

högre, en oändlig rymd i dig, jag, en upptäcktsresande

utan strand, letar efter dina drömmar, hemliga tankar,

bevis på att du bryr dig om och på din kärlek,

Då du plötsligt öppnar ögonen, ser jag framför mig hur

korridoren till själen öppnas, en chans att se allt,

på ditt sätt, genom dig,

du älskar

Hörde jag rätt, kallade du på mig

Hörde jag din hemliga längtan i din röst

Hörde någon annan också din röst

Hörde jag min inre röst tvivla, tveka

Hörde jag mig själv säga
"Hur kan jag längre leva utan dig",

Hörde jag ändå fel

Du tänder ditt ljus, det lyser ända till regnbågens ände,
där rinner färgerna ut i djupet av det tunga havet,
breder ut sig i strömvirvlarna,
ut i vidderna av dina hav

Färgerna i ditt ljus,
bara för en stund lyser det upp mitt liv

Säg mig på dagen de ord jag hör dig säga i min dröm,
jag vet att styrkan i dina känslor
är djupare än det jag hör,
min dröm om dig doftar av skogsbäckens källa,
Uppfyllelsen av min bleka önskan är,
att din kärleks springare galopperar till mig,
orkar min dröm våga tro

En hel dag tjusades jag av din glädje,
under två nätter betraktade jag din skönhet,
I tre månader utredde jag dina hemligheter,
I fyra år öppnade jag upp din anspråkslöshet,
I fem år såg jag din växande blomning,
Sexhundra åldrar ville jag dela med dig,
I valarnas sång i eviga tider,
glöden i din hud,
Bara en stund vid din sida,
I den stunden, finns alla tider

Jag förnimmer fiskståndens skatter i mittgången i
saluhallen

Jag smuttar på mitt gröna te i restaurangområdet på
Slottsgatans sida

Jag är kär i Ninette

Även denna dags lyckade och misslyckade saker
sköljer jag ned ur mina tankar
jag tittar och letar runt omkring

När hon kommer, känner jag först igen hjärtat,
att jag är en drömmare bryr hon sig inte om

Fastän dagen var tung och mörk,
så där, i saluhallens uppvakningsrum för sinnen,
väcks en strimma lycka av lyskraften i hennes blick

Kärleken har redan sagts dig,
även omtalad i skrift

Jag säger det till dig för första gången,
Jag till dig,
denna gång.

Här står jag, en liten pojke, framför dig, unga flicka,
båda är vi lika rädda, jag ber dig,
hoppas på ett knappt märkbart, accepterande leende,
Du skulle öppna mäktiga portar för oss,
till livets flöde,
till det allra viktigaste

Tror jag mina ögon, din skönhet kommer gående mot
mig
Tror jag mina öron då dina ord talar om att vilja stanna
Tror jag på huden i mina händer, då jag får lov att
gräva ned fingrarna i ditt hår
Tror jag på mitt luktsinne då jag känner igen doften av
din lockande beredskap
Tror jag på smakerna, som virvlar runt på min tunga,
då våra läppar möts i en hungrig kyss
Ljuger alla mina sinnen för mig,
då lustan släcker förnuftets alla ljus

Som lugn och åldrande kan jag förstå att det är så,
I min ungdom lät jag mina sinnens lögner leda mig,
Jag skriver detta nu, då jag vill sammanföra dessa tider,
men tiden ger sig inte inför mina tankar,
ändå känner jag för första gången

Till min kvinna

Dina tankar, dit strävar jag, som till Everest,
tröttnar halvvägs,
den ledande sherpan stannade i baslägret,
jag tvekar, faller,
i djupet av klyftan gror ett frö,
växer, även under tjälen

Dina ben, längre än mina tankar,
då min blick bara hunnit till knäna,
den jämna bågen i dina lår som hos de joniska pelarnas
marmor,
dina höfter som förenas med fastheten i din mages
delta,
ditt dekolletage som de böljande markerna på en
vingård i Toscana,
den dunigt lockiga huden i din nacke,
doften lockar till sig,
Ditt ansikte, hela du, lockar mig,
denna resa, i dig, gjorde jag med säkra tag
först på avstånd,
i dina ögon går jag helt vilse

Du

Bergen kysser himlens kanter,
floderna slår sina armar runt havsstränderna,
solens strålar smeker skogarnas träd

Varför kan inte jag lika naturligt dig,
Dina ögons blinkning, förföljer mig i sömnen
och i dagdrömmarna

Som en film

Dina kyssar känns bara delvis som de borde kännas

En dålig erfarenhet är bättre än ingen alls

Om du var musik, skulle jag vilja leva låt efter låt i en oändlig musikvideo

Ingenting finns egentligen, allt är hela tiden, antingen på kommande eller på väg bort

Jag verkar inte vara den jag tror att jag är eller ens den du trodde att du älskade

Du gör vad du vill, det är bra, du drar upp gränser för dig själv som måste överskridas,

det är ett vackert och svårt liv med dig, utan kompromisser, tillsammans, en kärlek som är fri försvinner aldrig

För första gången kände jag och älskade, så jag visste,

Jag vill att den skulle vara för alltid, det är bara ett ögonblick,

Skönheten i din kärlek, gör mig till en ful ynkrygg, en gråtmild impotent dåre,

Jag är blyg och skygg, medan jag är besatt av din fysiskhet

Jag bad dig bli min hustru, Du svarade bara "Nej"och fick mig att vilja det ännu mera

Jag levde med dig, som i en dröm,

Försökte vara ärlig, ren och fri, jag visste inte hur

Jag vill alltid höra sanningen, du tyckte den kan såra,

Man borde vara en god lögnare för att bli älskad,

jag vet ingenting, du har allt under kontroll i din väska,

Du fick drömjobbet och åker bort, det skall inte få

påverka mig, eller jag påverka det, för du är lycklig

Har jag missförstått kärleken, man kan få fel

uppfattning av sångtexterna

Nog skulle jag älska om du bad mig, Du ber mig aldrig,

Jag är nere på bottnen efter att du åkt som

förmultnande alger på havsbottnen, jag skall inte se

ljusstrålarna, jag är inte värd det,

Allt förändras då misstankarna vaknar,

Låg du med honom? Hur många gånger? Hur gjorde ni

det? Nu vill jag ha dig, då du erkände, Vi är rovdjur,

följer våra instinkter, vi slösade bort vår kärlek, får vi

förlåtelse? för det vi gjort och den chans vi missat,

vi frigjorde oss från oss själva,

Varför var jag rädd för frihet i kärleken, nu är jag fånge

i min ensamhet,

Jag befinner mig antingen i ljus eller skugga, sökande

efter sällskap

Livet vore trist om det bara fanns goda stunder,

en djup kontakt sinsemellan, som själen hos en vild
häst,
Jag måste hitta en väg ut ur dig tillbaka till den plats
där jag var förut,
Måste avstå för att uppnå någonting nytt,
Måste bygga ett skyddande staket,
kontakten blir svårare att knyta,
därför måste man älska alla som går med på det,
Bär jag besvikelse eller kärlek inom mig?

En kärlekshistoria skall skrivas långsammare,
den måste ha en rytm, alla gamla sår måste gå att läka
med ord

Jag börjar från början, att vara tillsammans på nytt var
inget paradis, bara dig kunde jag älska efter allt vi
upplevt vill jag ha ett enkelt liv

Allt detta hände långt innan det fanns elektroniska kommunikationsmedel eller kollektivtrafik. Långt före telefoner och båtmotorer. Århundraden före televisioner, radion och nätkunskap. Denna kärlekshistoria berättar om unga, som levde på de yttersta skärgårdsöarna. Tyvärr, långt ifrån varandra, födda på skilda öar.

Då kärlekens glöd tändes, och fantasierna som skapades av avståndet emellan dem, gjorde det deras känslor extremt starka. Då de var åtskilda, var de hos varandra i tankarna. Med telepatisk säkerhet förmedlade de sina känslor till den andra. När de sågs så sällan, och sedan någon gång träffades, frigjorde de ett ursinne som havets stormar lärt dem.

Berättelsens personer är Stina, från en fiskarsläkt på Kökar och Bo, sonen till en båtbyggare på Borstö.

Som av en händelse träffades de den första gången.

Bo fick följa med sin far då de seglade hem en ny båt till Stinas far.

Redan på bryggan lade de märke till varandra, det var som om ön hade fått sitt första elektriska ljus, då deras ögon och ansikten lyste i blickarnas korseld.

Fäderna stannade för att granska båten, men Stina

och Bo rymde sina egna vägar. Stina ledde Bo till den berömda lunden på Kökar. Långt ifrån vägen och de upptrampade stigarna, nära stranden, bakom ett högt berg som skyddade dem som en mur från havet, där delade de sina tankar och svor evig kärlek.

I denna, av naturen skapta helgedom, blev de unga bekanta, fäste sig vid varandra och kärlekens låga tändes i deras hjärtan. Den lågan, som var omöjlig att släcka, och som andras släckningsförsök bara gjorde flammorna hetare.

Snart blev det dock dags för Bo att återvända till det fängelse som den annalkande vintern gjorde Borstö till.

Stina blev ensam kvar och bevittnade nakenheten hos lundens träd, då färglösa löv singlade ner och täckte mossan.

Kökar spejar mot Borstö, bara med horisonten emellan, öarna skiljs åt av is, mot våren av vågor och dimma, endast tärnor och andra sjöfåglar kan ta sig över det avståndet när de så vill.

Åh, är denna nya förtjusning bara ett fönster, genom vilket man kan se alltings slut. Nej, jag vill föra denna vår kärlek i hamn, lotsar den mot den slutliga erövringen, genom fienden som kommit emellan vår kärlek, låter mina tankar klä sig i dig, mina känslor sänder jag telepatiskt till dig, Du på Kökar, jag på Borstö, förlamad, ångestfylld, längtan fastfrusen i bröstet

Den kommande vintern hindrar våra meddelanden från att komma fram, jag sadlar vinden med mitt bud, men orkar min springare bära det så långt, Ridande på vågorna går mitt kärleksbud framåt, skyndar sig emellanåt vid bleke, söker sin riktning i ripströmmarna, Någonstans inom mig vet jag, att du vet vad jag vill berätta, Då sommaren kommer ses vi igen

Snart bryter våren isens rygg, vattnen flödar fritt, du styr din skuta till havs och fåglarna sjunger din ankomst, videhängena påstår att han kommer, midsommarrosen varslar, han är sen, säger mitt hjärta, Bo kommer, jag väntar. När solen återigen visar sin glans, ilar seglet med bud i den allt starkare vinden, som om den visste sin riktning

Kärlekens bud måste man våga sända med kraft, för en kärleksönskning som förblev outtalad är endast en förtorkad ekplanta, Över böljorna kommer kärleken fram, lånar åror och ror till dig

Äntligen kan Bo återvända till sin Stina. Kvävda känslor väller fram och även fåglarna tycks sjunga "Jag älskar dig, älskar", samma fåglar teg under vintern. Deras kärlek är en eld, vars lågor flammar i varje skreva, i varje hålrum

man kan tänka sig. I den underbara, mystiska lunden
ligger eldstaden för deras kärlek. I ömsesidig vördnad
och med stolthet tillbringar de sommaren i dess sorglösa
förgänglighet. Många ljuvliga, drömska, förtrollande
dagar och nätter varade den sommaren. Efter den
sommaren återvände inte Bo, han byggde dem ett eget
hem på den bara strandklippan. Kökarborna samlades i
kyrkan och Borstöbåtar fyllde bryggorna.
Då livet blev jämnare, tog de vara på de tunna strimlorna
av lycka som de fann i varandra och i naturen. Bär, fisk,
frukter och självodlade grönsaker gav dem näring i den
karga miljön. Båtar och andra förnödenheter, tillverkade
för hand, garanterade brödfödan. Hjortar och älgar som
marinerats av lundens örter, gav välkommen omväxling
till matbordet. Det var andra saker än jordisk rikedom
som skänkte dem lycka, även om Bo gärna hade velat ge
sådant åt Stina

All rikedom ville jag bära fram till dig, Vackra kläder,
kärl, bordssilver och tyger, fattig som jag är, kan jag bara
dela med mig av mina drömmar, grip mina drömmar
försiktigt, i dem har jag lagt all min rikedom
I stället för Mammon berikade fem egna barn deras liv.
Dagarna i livet fylldes av vardagens tunga sysslor.
Då stunden var läglig, återvände de alltid till sin egen

lund. Där var allt annorlunda, trädkronorna strödde glädje och lycka över dem. Dagarna tecknade sina sista ljusstrålar i trädens toppar. Bilderna som reflekterades där uppe, var deras fantasier, själarnas syn på varandra. Tiden och livet rann genom timglasets midja, ofta jämnt, ibland brusande eller alltför snabbt. Livets fåror och grånande hår, ändå berättar Bo för Stina "Din skönhet är för mig sann, som Venus på morgonhimlen, den klaraste. I dig är jag så rotad, utan dig skulle jag inte finna mig ett hem".

Kom med mig till vår lund ännu en gång, Stina, bara med dig har mitt hjärta glatt sig, bara med dig slår mitt hjärta i rätt takt. Sakta tystnar rosornas, liljornas, morgonfåglarnas, vindens, vågornas, hjortarnas, hela naturens symfoni, hela natten har det klingat stillande toner av flöjter, kantele och gråtande fioler medan de mörka träden dansar till deras takt, medan grenarna viskar till det falnande ljuset

Kvällens obönhörliga tystnad väcker månen

Månens svaga ljus leder till den sista resans flotte

Jag lämnar den mystiska lunden för sista gången

under mossan stannar min älskling Stina.

IV.II Vi gör kärlek

Efter att ha älskat

Ljuden efter vår heta stund tystnar våra kroppar skiljs åt
våra tankar lindar sig allt tätare in i varandra

Minnena av gårdagens regn och morgongryningens
färger blandas ihop i vår gemensamma fantasi som
vattenfärger i en glasburk

Ljudlöst ror vi på burkens vågor, medan varje årtag rör
ihop färgerna i våra tankars kaleidoskop

Vi når aldrig burkens kanter, vyerna runtom oss växlar,
som om vi flöt omkring på rymdens strandlösa, stilla
kärleksmarker

Jag vågar inte, och jag vill inte röra mig,
Detta ögonblick, här, nu,
Alltid

Jag är som en flod, i dig når jag havet

Mitt sötvatten blandas med sältan i ditt hav

Min mjukhet får skärpa av dig, din egg rundas av en stund

Vattnet avdunstar i vårt kärlekshav, naturens lag

Saltsmaken blir starkare jag vaporiseras där bland molnen

Jag regnar igen, över nya högländer

Då det regnar, rinner vattnet jämlikt från bådas hår
på våra ansikten
våra läppar, fuktade av regnvattnet,
så vi skall känna den gemensamma smaken

Våra våta, genomskinliga kläder,
tunga blottar de vår olikhet
Torkade av solen skiljs vi åt

Din hemliga hydda

Jag beger mig till dig från stranden av sjön
I gömman mellan bergen och enarna börjar en späd liten
stig
På en äng, omgiven av höga träd finner jag din hemliga
hydda

På trappan spelar du livets musik på din fiol,
den tänder rökelse som rör om i mitt sinne
Jag skulle vilja veta vad du skulle svara,
om jag frågade "Jag älskar dig"
Skulle du då svara "Den heta stigen som fuktats av
sommaren måste röjas upp"

Med dig älskar jag mig själv
Jag telegraferar mitt leende till dig med Morsesignaler,
du svarar mig genom att sända mig kärleken jag törstar
efter
Då jag följer dig till höjderna, gör jag mig till krigaren du
beundrar
Då jag kallar dig min prinsessa, håller du fastare om mig
Det älskar jag hos dig, du älskar mig
Vem är du? Du som förvirrar mig
du, som påstår att du älskar

Hur skulle jag kunna namnge dig?
Inte med ord som har en betydelse
Något mera abstrakt skulle passa bättre,
Ett ord beskriver dig inte alls

Då du går i dina spetskläder och friktionen hörs som ett
lockande frasande, det ljudet är ditt namn

Åh, bara detta, att höra ditt namn,
väcker min åtrå

I så många år levde jag en sådan mans liv, som jag inte
kände igen
Jag fick inget grepp om livet, fick inte bitarna på plats, likt
min far före mig
Som en främling drog jag genom min ungdom,
äktenskap, arbete, vandrade förbi kulisserna utan att
känna skärvorna och bitarna under mina bara fotsulor,
skärvorna som lossnat ur mig själv, vad var det som gick
fel?
Min själ trodde den flög, fast den inte ens hade vingar,
ville upp i skyn, fast den inget kunde ens på marken
Mitt skal måste spräckas och orsaka smärta,
det gav mig förmågan att flyga
Vad vill jag? Var möter jag mig själv? Hur skall jag börja?
Jag drömde att norrskenet sänkte sig över jorden, elden
visade mig riktningen
Den häftiga förändringen, en stark känsla, som om en
tvillingbror dog, bara jag vid liv
Svallet då skapelsen börjar, en känsla av upprättelse,
klamrar sig ursinnigt fast vid sitt berättigande
Medan jag snubblade hade jag ändå rätt riktning,
Mitt liv hände inte bara, jag regisserade, editerade,
skådespelade, Livet är ett kärr, gömt mitt i skogen, man
måste kämpa sig igenom svettig, blodig, utmattad, full av
insektbett, förnedrad, naken
Jag är på den vinnande sidan så länge jag känner att jag
kan börja om på nytt

Drömmarna är vackra, i drömmen kan man lyckas, i
drömmen kan man inte bli tillfredsställd
Ur minnet gräver jag fram min barndom, hör hur den
lockar, jag minns viskningen, gör den till min guide
Under mitt korståg finner jag min ungdom, mitt i mörkret
Eftersom det inte finns någon evighet, paketerar jag in det
nödvändiga

Ibland tror jag att andra är mera förvirrade än jag

IV.lll Vi är tillsammans

Tillsammans

Ge mig en stund av din tid,
jag lovar att inte slösa bort den på trivialiteter,
jag bär den med mig ur mörkret mot ljuset,
låter mina tankar glida utan åror till din strand,
framme hos dig, som hemma

Min älskade, resterna efter din matlagning och tomma förpackningar fyller arbetsytorna i vårt kök. Äppelskrutt täpper till svalget på vårt avlopp. Kvalitetsstrukturen i ditt TV-tittande haltar mer än förr. Längtan efter kärlek och uppmärksamhet hos dem som visar upp sina egna liv, realityseriemanuskriptens omkörningsfiler.

I gångarna i matbutiken söker sig våra kärror längs välkända rutter. Rörelserna i dina robothänder grabbar med digital exakthet åt sig enbart sådana produkter som är bekanta sedan tidigare. Jag saknar den där äventyraren som plockade åt sig trädgårdstomtar från folks gårdar och ställde dem på busshållplatsens tak.

Det finns stunder då jag i en sidoblick märker hur min egen profil reflekteras i skyltfönstren. Jag är inte själv heller längre den där kärlekens förkämpe, som hängav sig åt objektet och glömde allt annat.

Att städa tillsammans var stridsscenen i vår superhjälteberättelse. Då vi satt hand i hand framför TV:n var Aktuella Tvåan det ljuva skedet, då vi väntade på vårt kontinuerliga äventyr.

Under vårt täcke hördes även andra ljud än knarrandet
då man byter sida.

Ingenting har förändrats omkring oss. Vi vill se våra egna
program på skilda TV-apparater. Så väl minns vi
varandra.

Jag minns dig, då havsvinden blåser i mitt ansikte.

Din första varma smekning den våren vi vandrade på
strandklipporna i Nådendal

Jag minns dina ord och löften,

funna i hjärtat,

och bevittnade av solnedgången

Jag minns ditt hår och dina läppar,

som turvis täckte mitt ansikte och mina tankar

Minns du mig då västanvinden suckar,

minns du de tröstlösa vågorna som rullade in på stranden

då vi senast vandrade på Nådendals strandklippor,

och ingenting skulle bli annorlunda

Då vi klev från Nådendals strandklippor ombord på vår
båt, vände seglet hemåt

För att jag skall kunna höra din ljudlösa sömn bredvid
mig,
kan inte vindens slamrande under plåttaket
ersätta din tystnad i natten,
Men när du är vaken och tjatar på mig,
är ventilationsfläktens tysta susande det enda jag hör

I varje soluppgång finns ett löfte om att jag ser dig igen
nästa morgon

Efter vårt första möte var jag beredd att ge mitt liv för att
få dig

Redan andra gången önskade jag oss evigt liv

Mitt hjärta har stått i brand om nätterna,

som en vårdkase, som skulle garantera oss hela den
flyktiga lyckan

Vårt gränslösa förhållande begränsar glädjen i min själ
Vår regellösa sexualitet får bara din drake att flyga,
för mig finns bara rollen som den, som utan mål springer
i andra änden av snöret
Din drake svingar sig vilt i formationer,
grannare än i fantasin
Diken och isgator gör mitt springande till ett glädjelöst
snubblande, medan jag försöker hålla dig uppe
Denna frihet är mitt fängelse

Januari vår gemensamma stilla vals ovan golvplankorna

Februari den långa, heta kyssen på åkanten

Mars den dröjande beröringen, sida vid sida, framför
Schjerfbecks självporträtt

April vår galopperande ridtur i Lemdals lund

Maj viskar på franska i biosalongens skymning

Juni kluckar mot båtens botten, medan vi vilar
avslappnade bland seglen på däck.

Juli som den varma vinden i lockarna i din pannlugg

Augusti samtidiga rytmer i vinglasen i jazzklubbens
källarvalv

September värmer upp i eucalyptusbastun i
badinrättningen i Koli

Oktober vårt lidelsefulla famntag i damrummet på den
kosmiska serieteckningsbaren

November då jag inte kan tala med dig, kan jag bara
längta

December jag tvivlar inte på att vi ännu kommer att
träffas, jag försäkrar mig om att inte förlora dig
och dessa våra minnen

Ögonen tittar, ser bara nära, där barnet befinner sig

I sinnet längta efter att vara någon annan,

på andra ställen går man inte i onödan in genom porten

till bakgården

Det undermedvetnas solkust finns i morgondagens land

Skyndar bort från det andra rummet,

tomheten infinner sig direkt, en del av jaget fattas

Bilderna kan inte ersätta doften av hår eller handryggar

Minnena, bara en liten skymt av stunden,

då man ger sitt allt, och det räcker

Avlägsnar avstånd med närhet, finner utan att leta

Vid rätt ögonblick lossar man greppet, ger självständighet

Jag vet, inom mig finns kärlek, svaret finns där inne,

inte ute, i fjärran, någon annanstans,

Livet skall gå vidare, så måste det vara

Kom ihåg Andas Dröm Börja Fortsätt Tala Skriv Glöm

inte att glöda

Utan att se mig, går du förbi, dit du var på väg är här

Vi var säkra på att friheten skulle blotta vår kärlek,

det enda som blottades var sanningen om vår kärleks

osanning

Medan jag grubblade över all världens saker,

märkte jag inte, att du gled längre bort ifrån äppelträdets

skyddande grenar

Jag flydde från mina bekymmer till fabriken, den är

berömd för sina piroger

Min uppgift var att röra om i ett kokkärl för hundratals

liter, delar av svinkroppar kokade och spred sin unkna

stank

Detta gjorde jag i skift efter skift, medan årstiderna

växlade, tills mitt sinne renades,

detta tunga, plågsamma avfall tömde mitt inre på dess

föroreningar

Jag träffade en väninna som återvände efter flera år

Jag förtjusades av hennes klipska prat

Vi gick igen runt Idrottsparkens konditionsbana
Fylld av mandom lyfte jag upp henne och satte henne på
kioskdisken, tryckte mig emot henne
Kläderna, det omöjliga i att vi skulle vara tillsammans,
tidsskillnaden i våra tankar stod mellan oss
Jag återvänder till mörkret för att åter kunna se ljuset i
gömslen, finns ännu mycket att hitta, jag måste igenom
detta, möta det höga och hårda och utan minsta lekfullhet
lära mig att vara jag, tro på det, ta avsked av den före
detta bekanta, utan att lösgöra mig helt och hållet

Se på mig, låt mig känna att jag inte är den enda,
sista fåran i en plogad åker
Dansa med mig så, att vi aldrig kan driva iväg från
varandra
Släng ett täcke över oss, under det sjunker vi ner i en
bottenlös ravin,
för att kunna se stjärntecknen, deras mattaste delar,
Hämta de mörkaste elixir ur din brunn som näring åt oss,
då vi färdas genom årtusenden gamla berättelser,
Gör så mina tankar flyger så högt, att jag ser oss som en
enda prick,
Bär mig i vinden över oceanerna, i landskap skapade av
fantasin
Följ mig slutligen till hemgården och det kala boträdets
barmhärtiga illusion

Bruden glider fram på gången i sin vita tyllkjol
Brudparet ler i risregnet under solen
Båten, som hämtar bröllopsgästerna är för stor för den här
bryggan
Brudgummens spända blick i den långsamma valsen
Brudparet skär tårtan, biten hamnar på assietten, stående
Kyssar efter varje tillfällig stund av åtskildhet
Brudgummens kompisar rövar bort bruden,
iklädda nylonstrumpor dragna över sina huvuden
Svärmoderns nye man testar sin charm på brudens
gammelpigssyster
Vi skålar för livet och kärleken
En lyrisk morbror med fallenhet för konst, lär ut danssteg
till festfolket till takten av jazzformler
Gudmoderns dotter spelar en gammal kärleksschlager på
gitarr
Som morgongåva ett konstnärligt budoarfoto av brudens
nakna silhuett
Vid den äkta bädden ber bruden om en stund av egen ro
Är bruden verkligen lycklig

IV. IV Vi skiljs

Till den bättre sidan

Då inga av mina ord längre kan övertyga dig

Då jag har gjort mitt fel, som tömmer ut det sista ur din
bägare

Då antalet böner om förlåtelse inte går att hålla någon
vettig räkning på

Då det slutliga sammanbrottet skedde om natten,
var jag inte närvarande

Då flydde du från min osynliga materia

Då rymde du till den bättre sidan av fjärilsgardinen

Ljudlöst rop

Då jag förlorade mina nära,
var hörde jag då hemma längre
Vem skulle då lyssna på mig, höra så djupt inne,
att de skulle bry sig
Vem skulle se mig så, att de skulle respektera mig,
som den jag är
Med vem skulle jag vara tyst utan att känna mig besvärad
Jag skulle vilja ropa för att synas
Utan röst är jag också

Blotta sanningen

Med mer än ljudlöst tysta gester berättar du för mig
Höstens gräns är överskriden vinterns vita täcke döljer
stigen som gått emellan oss
Den ouppnåeliga nya våren kommer inte att återvända
Varma vindar hämtar inte lättare moln
Mitt vilda skrik över vår djupa ravin,
Din sanning är din egen,
jag nöjer mig med blotta sanningen

När vinden ökar i styrka, blåser det upp till storm
Varje oväder vi har stärker min kärlek
Du vet min kärlek, den håller, ljuger inte, den är en klippa
Om du måste, gå, sök det du längtar efter
Senare kommer du att inse hur mycket jag älskade dig

Min själ ligger lidande av känsloskada i
förstahjälpstationens väntsal, genomfrusen
Din värme är bekant för mig, fast den inte längre är synlig
för mig
Jag hoppas den skall följa mig länge,
långt in mellan det skiftande mörkret
Slutet är ovillkorligt,
Slutet föregår början,
Jag stannar här, på min plats,
för att kunna nå längre framåt

Jag ser redan den sjunde fullmånen genom takfönstret i
mitt sovrum
Redan den sjunde, efter att stegen, då du gick bort,
lämnade de sista spåren på min gårdspatio
Redan sjunde gången jag berättat om alla mina skikt av
känslor för nymånen
För dig kunde jag inte göra det en endaste gång

Till den förlorade

Då jag vaknade trodde jag att sången jag sjöng för dig i
drömmen skulle vara sann
Det var inte du heller, ändå visade sig min kärlek inte
vara förgäves
Så här försöker jag rädda mig från mitt självbedrägeri
Trodde att vattnet i floden ännu skulle forsa länge efter
regnet
För mig är du fortfarande värmen som alstras i kärnan,
även om din reaktor slocknat
efter den långa natten
innan morgonen
innan min klagande sång

Du slog mig i huvudet idag vid parterapeutens
mottagning

Du slog mig själsligt genom att ljuga

Du slog mig fysiskt för att jag vågade vara ärlig

Ändå fortsätter vi vara tillsammans,
jag är inte längre jag

Jag återvänder till min hemby då tjälen redan har börjat
bearbeta vägkanternas undervegetation
Med mina tunga skor trampar jag ned syrenernas
gungande skuggor i lövkojan
Här bor vi i det lilla huset som förr var så näpet
På mina resor rumlade jag runt och slösade bort allt vi
samlat tillsammans
Jag ser ingen blomma framför mig längre, då du tar emot
mig
Rosen jag hämtar river dina händer såriga
I varje regn som faller i vår trädgård finns ett hot,
  som får mitt hjärta att frysa
Om du förvandlas till mig och går iväg

IV.V Ensam och tyst

Sjöjungfrun

Den hela, blånande månen hänger ned från himlen
blottar sjöjungfrun på sin låga grynna,
ensam skådar jungfrun stolt över sitt vida hav
Döljer inom sig ett hemligt värkande hål,
en kvävande bitter fasa inför den grå ensamheten,
ångesten
Från sin grynna glider Sjöjungfrun ned i det isiga vattnet,
gömmer sig i sitt turkosa rike,
dit jag inte kan följa henne

Endast en suck skiljer mig från de tusentals uttrycken av
ensamhet

Liksom ett fönster öppnas min själ, bara för en kort stund,
för att åter slockna

Vardagskänslan återvänder

Allt det goda, rätta visar sig i stunderna av öppning eller
stängning

Floden skyndar fram i sin fåra,
den plötsliga skuren av tårar har ännu inte torkat
Mellan grenarna i den mörka lönnen viskar en dallrande
dimma
Ruskan har ännu inte förlorat sina färger,
så som jag har, av smärtan i min hemlighållna kärlek,
trots att det ännu kunde vara sommar.

Som barn sträckte jag ned min hand över båtrelingen,
medan motorbåten rusade fram, bottnen slog mot
vågorna, vid varje vågslag smektes min hand av salta
stänk
Då, som barn förstod jag, denna förbjudna lek i den heta
sommaren, var som en fuktig förnimmelse av fara, så som
i älskogslekar med en kvinna
När jag en vintrig morgon vandrar på isen på samma
fjärd, känner jag den obönhörligt kalla vinden i mina
händer,
Kärleken, så många gånger har kärleken stänkt på mig
Jag gråter vid minnet av det varma i ungdomen,
tänker in den i åldrandets snålblåst

Bara den här torra säcken under täcket

Min sträva yta mot den falska mjukheten i sidenlakanen

Genom fönstret ser tiotals ögon på mig

Soluppgångar, besvikna på mig och förbittrade,

betraktar min ensamhets kläder

Utan att se mig

Jag är en stum sångare på scenen i musikhuset,
Jag är en astronaut utan rymd i styrhytten på min
tennraket,
Jag är en tilltäppt kanyl på sjukhusets
intensivvårdsavdelning,
Jag är en poet utan tankar i bibliotekets arbetshörna,
Jag är en färgblind konstnär framför en vit pannå,
Jag är en soldat utan vapen i en tom löpgrav,
Jag är en impotent turist på gränderna i Amsterdam,
Jag är en fiskare utan nät vid havsbandet,
Det hade varit mina drömmars uppfyllelse om jag hade
varit någon ens, eller någon annan

Utan minnet av värmen i din närhet skulle jag inte
begripa denna djupaste kyla
Din leende bild, som jag hittade på ett minneskort, pekar
glädjelöst på min ständigt upprepade vardag
Ljuset från läslampan du tände om natten, visar som
kontrast skillnaden gentemot dunklet i mina dagar
Din chiffong som täcker skönheten i din rundning,
blottar det kantiga i mina beniga knän

Ofta

älskade

jag

fåfängt

De silvriga

strimmorna

vid tinningarna

talar om

att ensamhetens

långa,

mörka

natt

nalkas

I drömmen

vill jag nå,

längtar

jag

efter

min

kärlek

Cafe Art

Varje kväll sitter jag här i caféet,
jag har besökt det i flera år redan
Jag väntar på att träffa dig här,
dig som jag inte känner än
Jag kände igen dig så fort du steg in,
ditt vackra leende,
våra blickar möttes
Jag kunde inte resa mig från mitt stambord,
stannade där
Du avnjöt ditt kaffe,
gick ut,
nästa gång skall jag närma mig

Självkärleken

Jag är med mig själv varenda dag i mitt liv,
Borde jag inte älska människan i vars band jag sover
varenda natt i mitt liv,
Den jag är totalt fri från roller med,
Den jag inte söker bekräftelse eller fördelar av,
Den jag kan känna den renaste kärleken eller det mest
äkta hatet till,
Mitt nakna självporträtt,
bortglömt bakom spegeln

Min ensamhet har åldrats,
grånat på sina egna svarta ställen,
trasig på insidan och torkad på ytan
När man åldras, urskiljer man bara de skarpaste
kontrasterna mellan mörker och ljus

Dödstrött lämnar jag denna gamla bekanta,
min ensamhet,
och lever en smula.

Molnens mörka kanter ramar in mina svarta tankar,
jag föser bort den synbara plågan i mitt ansikte,
jag gömmer min ondska i maskernas hålor,
När min rädsla tar över, riktar sig min oberäkneliga,
anarkistiska kamp mot allt omkring mig
Blå himmel, höstens kyla, solens ljus, frånvaro,
gjorde det möjligt att komma tillbaka

I hur många dagar i mitt liv har jag varit verkligt nöjd
med min kropp, mitt sinne, det jag gjort, mina val,
ställena jag bott och verkat på
Hur många dagar har jag gått min egen väg,
utan att ledas av andra
Hur ofta har jag vilat stilla i min kropp och själ,
har jag ens velat det
Låter jag höstvindarna fälla tjocka grenar över min stig,
Låter jag havsvidundren härja på i strandgyttjan i min
hemvik
Låter jag stormpusten släcka den sprakande elden under
min gryta
Då jag sluter ögonen är allt väl,
för att lyckas öppnar jag dem igen,
alla dessa dagar lever jag
jag dör först på den sista

Protektionism

Ett litet hus, övergivet av någon, tog jag och gjorde det till
min egen plats
Så litet, den tunna genomskinligheten,
jag täckte den med gardiner, gömde de innersta
våningarna, de mest värdefulla gömmorna åt mig själv
Bakom gardinerna hänger jag vilseledande
gurksalladsnät
Skyddar de för mig så viktiga känsliga tankarna av glas,
mina slitna träföremål,
kikar mellan tygspringorna på de mänskliga individer
som stationerat sig i glest placerade grupperingar i min
närhet,
och som utan minsta intresse passerar kanterna på mitt
luftslott

Duvan har stannat alltför länge i sitt duvslag, inget har
hörts av dig
Så här känns dagarna som år, siffrorna på min klocka byts
långsamt
Om natten håller den på nytt väckta månens ljus mina
tankar vakna, de kan inte gömma sig i mörkret

Jag låter till och med fönstret stå öppet,
ditt meddelande kan fritt komma in
Medan jag väntar, läser jag Gertud Stein,
öppnar mitt anteckningsblock,
men ingenting föds

V November

En människas liv kan innehålla 1000 månader.
Här är en av dem. Mitt livs 717:de månad.

1.11.

Efter en lång tid såg jag ett fotografi av mina
föräldrar

på översta hyllan på mammas klaffbyrå

I trädgården vid sommarstugan,

i kvällssolen en sommardag,

sitter föräldrarna bredvid varandra i gungan,

med vitt vin i varsin engångsmugg

Mamma böjer huvudet bakåt, skrattar högt,

djupt ur sitt inre,

pappas huvud lutar lite framåt, ögonen skrattar, men

läpparna trutar och håller skrattet inne

Bildens färger är blekta av tiden,

skärpan har suddats ut och mjuknat,

som om det var damm på deras ansikten,

det kan jag inte torka bort,

Alla skeden har sina goda stunder

2.11.

Dörren till paradisets trädgård står öppen för mina
tankar att komma och gå

men jag går inte där ändå

Det osäkra i om det finns möjlighet att återvända,
jagar bort mitt mod

3.11.

Att avstå från det gångna utan tro på framtiden

min svårighet att välja, som hal is

Det trånga området som krympts ihop genom

reparationerna vid vårt Salutorg

Den avhuggna stumpen av min närbutik i en ränna

En förvirrad ångest i handelsmännens ansikten

Hoppet om en framtid, som kundernas trofasthet

hämtar

Om de bara skulle plantera ett träd

så högt att det nuddar himlen, mitt på det nya torget

I dess skugga kunde jag om lördagsmorgnarna köpa

sallad, bär och grönsaker,

I den leende torgförsäljarens blick kunde jag finna

bot för den mörka smärtan i mitt kaamos

4.11.

Utan kärlek har ingenting någon betydelse,

jag är en ö i vårt gemensamma hav

Min ålderdoms grå kläder sticks obehagligt på min

hud

De forna framgångarna är tyngder i min ryggsäck,

då jag har det nya, okända framför mig igen

5.11.

Vaken väntar jag på drömmen,

i drömmen vakar jag sömnlös,

i vakendrömmarna sover jag lugnt,

i brist på sömn glömmer jag,

Då jag är trött minns jag inte vad jag drömde om

det veckoslut då jag skall sova

6.11.

Kommunikationsklimatet har inte genomgått global
uppvärmning

vi går emot kalla istider av blängande,

som kan flamma upp till slutliga lågor

7.11.

Jag klagar över mina fel,

fast de är det mänskligaste

och mest äkta i mig

8.11.

Hon uppmuntrade mig,

jag skulle kunna vara vem som helst,

men jag ville vara jag,

det räckte inte för henne

9.11.

Jag tar dina ord i smyg,

skapar en mening av dem,

där inne bor våra tankar,

på den nivån är vi oskiljaktligt ett

10.11.

Bakom Runsalas botaniska trädgård,

på naturstigen, bakom älgstängslena

fann jag tanken om mitt fullständiga misstag.

11.11.

I ju mindre bitar jag skär mina grönsaker och växter
till min sallad,

desto mer älskar jag henne jag ska servera den åt

12.11.

Min far,

jag har hört hur du talar med din far,

jag har hört hur du talar till din sonson

Jag hör din röst om nätterna

även då du är tyst

13.11.

Är du lika plågad som jag av våra skilsmässor,
Inombords i ständig kontakt,
fästa vid varandra vid länderna,
med samma barlast av rädsla,
visst är vi väl av samma åsikt?

14.11.

När jag åldras behöver jag en ny sorts mod,

för att stå ut med förlusterna,

för att skydda mig mot mina egna smällar,

Då det skymmer om kvällarna,

mod att möta mörkerrädslan

När smärtorna övergår min motståndskraft,

Jag går över gränsen, där slutet är en välsignelse

15.11.

Senhöstens apatiskt dröjande grå väntan trädens

skelett spretar och spräcker omgivande vacuum,

Inte ett enda tecken på vinter ännu,

Värme och kyla ersätts av fuktigt obehag,

Rädslan för något ännu värre väcker belåtenhet till

och med med detta.

16.11.

En höstmorgon går jag på den slemmiga stigen på en
förruttnad åker,
lyssnar till flyttfåglarnas uppfordrande skrik från
himlens flyttvägar
Energin från natten regn rinner bubblande i
bäckfåran,
mot en vidare ljudlöshet och frid,
 Jag är fylld av allt detta,
Jag är

17.11.

Regnet smattrar hårt på fönsterglaset
 dropparna rinner på fönsterbrädet
och på andra sidan rinner jag ända ner på golvet
Jag drömmer om min själs osårbarhet
För sent reser jag mig upp

18.11.

Jag byggde en port vid min gårdsstig,

jag lämnar den öppen om kvällarna

någon som kommer kanske då känner sig vara

framme,

det finns nog av dagar och nätter,

fåglarna i träden sjunger lockande sånger

19.11.

Jag väntar på att körsbärsträden ska bli skära,
Samma färgsättning hos alla vårens primörer,
Allt är som nytt, första gången,
höstens kontrastfärger förutspår uppgivenhet,
också himlen blir mörkgrön
då den fäller violetta snöflingor

20.11.

Ljusen släcks omkring mig av en vindil,

förutspår novemberregn

I slutet av Universitetsgatans tröstlösa raka, skålar,

som tvillingar, den ena mörk och full,

i den andra finns ännu plats

Ljuset återvänder på morgonen,

men lämnar skuggor på ställen där de inte hör

hemma

21.11.

Tomheten på gatorna, som ödelagts av sjukdomen
För mina tankar till det våldsamma i förändringen
rädslan är en starkare motivator än frivilligheten,
Glömskans snabbhet överraskar alltid

22.11.

På andra sidan om gränsen finns mera lycka än

myggor Jag bryr mig inte om lyckan,

mina böcker och min penna ger mig min glädje

På gator och krogar finns det mera lycka än löv i

parken, den lyckan bryr jag mig ändå inte om

I mina böcker och skriverier finner jag min lycka

Att resa runt bland i världens underverk och resmål,

kan ge en lyckan i en tillfällig frigörelse,

lyckan i att fly bryr jag mig inte om,

Allt detta kan jag finna i reseböcker och på hyllorna i

biblioteket

Finner man all lycka i böcker?

Att finna ny lycka bryr jag mig inte om

Min lycka hämtar du och en bukett blommor

23.11.

2020 flyttade jag in i denna min hydda,

förr omgavs jag av alla västerns frestelser nära mig,

alltid människor omkring mig,

mer än tillräckligt utrymme, målkickar hördes

överallt, de universella nätens bragder var generösa,

Nu, inte ett ljud, utrymme bara för det

nödvändigaste, mitt matbord, min risskål, bokhylla

och min meditationsstol

Inte en tanke på lockelserna i byn,

vattnet bär jag från en källa i skogen,

Tranornas sång på ängen är min enda musik,

Strandens stena, mina få vänner, mitt skrivande mitt

enda nöje

I min hydda är jag inte sysslolös en endaste stund,

Om kvällen orkar jag inte grubbla på världens

simpla stoft Jag kom hit någonstans ifrån, jag lever

här, och slutligen hamnar jag någonstans

24.11.

Min kunskapstörst blir inte tillfredsställd

i bibliotekets café

Min hunger efter kärlek stillas inte då

jag skriver om kärleken

Jag försöker hitta sanningen och livets mening

runtom mig

Fast den bor inom mig och i mitt sinne

25.11.

För att kunna nå slutet av vägen måste jag åldras

Måste våga förstå det obligatoriska i de olika
skedena

Skalas ur puppan och bli ny livsform

Rytmernas intervaller i snabbt och långsamt,

tyst och högljutt måste accepteras

Som en insikt mitt åldrandes ljuvlighet,

hur skall jag sörja, sörja

26.11.

Solen går upp, morgonen gryr,

Min älskade kommer idag,

mitt sprängfyllda hjärta galopperar,

hoppas

Solen skiner, lyser upp,

Min älskade ser bort,

mitt hjärta darrar av rädsla,

jag blir förlamad

Solen går ner,

glittrar,

Min älskade försvinner in i skuggorna,

mitt hjärta i tung sorg,

 jag lider

Till natten stiger månen igen,

jag drömmer

27.11.

Som galningar rusar människorna
från söder upp till fjällen i norr

Bara tätorterna i söder och de omätliga möjligheterna
tär på kunskaperna i norr

Jag kravlade mig upp ur min håla för att fundera på
detta, jag återvänder nog strax till platsen,
där inga ord behövs

28.11.

Du är musik, men jag är ingen sångare

Du är ett skådespel, men jag hittar inte till teatern

Du är en tavla men jag tittar på TV

Du är en symfoni, men jag läser inte partiturer

Du är en blomma på ängen, men jag klampar mitt på

grusvägen

Du är gourmetmat, men jag står i kön till

korvkiosken

Du är en kvinna, men jag är en man

Jag skulle vilja sjunga för dig

29.11.

När jag saknar henne, som är långt borta,
känner jag ensamhet

När jag inte längre saknar någon,
är jag inte ensam

30.11.

Du kommer till mig efter en lång paus,

Du kommer till mig sorgsen och svartklädd,

Du kommer till mig med tanke på tröst,

Då du kommer, frågar jag vad det är du sörjer,

Du svarar att du sörjer en man,

den man jag var då du älskade mig

VI Kiss My Turku

Min hemstad gavs tre tider

Vi såg dem alla, då torget revs under våra fötter

Under torget ett annat torg,

i leran under grävde vi utrymmen,

där förvaras våra fordon

Samtidigt invid, ur gamla Börsens fasad,

river vi det nya, för att kunna bygga något som

liknar det gamla, ännu nyare

Så att vi kan inbilla oss att vi hör till till en annan,

bättre tid, det förgångna

Vi vill inte ha det nuvarande,

vi skulle vilja bry oss om,

som förr, då, när man älskade

Ville jag se dig, då jag gick över Aura å

Letade jag förgäves efter dig då jag klättrade upp på

Vårdberget

Väntade jag mig att möta dig i Domkyrkans krypta

Skulle jag säkert hinna till galan i Logomo,

där du kunde vara

Spejade jag från Runsalas berg mot Loistokari

för att få se min sjöjungfru

Slottets väktare hindrade alltid vägen till dig

Hör jag mig faktiskt säja "Jag måste avstå från dig"

När jag stiger ut på Mariegatan igen, ensam i hjärtat,

ser jag samma sak överallt,

slutet på hösten, grått

Sorgens hem

Jag kommer ut ur mitt hus,

högt uppe framför mig Åbo konstmuseum

snön lägger sig på hennes tak, som skinande ren sot,

högre uppe på himlen skymtar en späd måne

är det samma måne som lyste upp min skogsstig i

min barndom

Jag bor på denna backe,

jag gav den namnet Sorgernas backe

I biblioteket

En hel vägg av glas för ljuset att komma in

Hela salar, fulla med böckernas visdom

Hela tomma utrymmen för att väcka förståelse

Hela människoliv som valuta vid byteshandel

En hel tydlig bild, sammanfogad av små bitar

Åbo gick sönder

Ditt centrum rivs upp igen, Åbo

Synd för dina torgförsäljare och förlusten av

gatstenarna

bussarna förflyttade till sidogator

en vackrare samexistens är uppritad

Gråten över onyttan med en asfalterad

parkeringshall

Var gömmer du dig, eller har jag förlorat dig helt

Mina känslor är inget skräp som blivit över från

poetens anteckningshäfte

Mina känslor är inga olikfärgade knappar ur lekarna

som förlänger din barndom

Mina känslor syns inte i fårorna i ärren som fötts på

torgets yta

Mina känslor lever i de mörkaste skrymslena mellan

massiva flyttblock

och i tornfalkarnas flyglinjer över de vidaste

stäpperna

Staden jag känner är en miniatyr av allting

Här vill vi upprepa allt det som andra redan prövat

Jag älskar den här staden, där jag har goda relationer

till dess parker och till ån

I biblioteket läser jag dagens nyheter,

alltid i sällskap med samma okända

Bristen på dialog mellan oss talar för sig,

vi är representanter för vår stam

Mina ord är inte mina, inte heller mina dikter,
jag skriver för mig själv för att upprätthålla
kontakten till dem jag inte hör, också till dem,
för vilka mina känslor är utanför muren av
betydelselöshet

Stilla faller snö på slottets tak

På väggarna projiceras ritade rovdjur, som forntida
grottmålningar

de berättar om hur imponerade vi är av vår natur,

av platsen där våra känslor bodde